생각이 쑥쑥

햄스터와 함께하는

나도 코딩 ①

Designed for Creative Coding

김혜주 지음

비밀 찾기 편

Concept On

이 책의 차례

PART 1 · 햄스터가 나타났다 · 4p

PART 2 · 햄스터 길들이기 · 14p

PART 3 · 햄스터의 변신 · 24p

PART 4 · 달려라! 햄스터 · 34p

★ 수업에 필요한 활동 딱지, 스티커, 명령문 쓰기 노트가 포함되어 있어요!

수업을 시작하기 전, 우리 약속해요!

1. 햄스터 로봇을 던지거나 밟지 않기

2. 수업 준비물 잘 챙기기(교재, 햄스터 로봇, 연필, 가위 등)

3. 햄스터 로봇 충전은 집에서 미리 해오기

4. 수업 시간에는 스스로 생각을 많이 하고 써 보기

5. 어려운 문제는 친구와 의논하여 해결하기

6. 내가 수업 시간에 한 것을 부모님께 항상 자랑하기

7. 수업이 끝나면 햄스터 로봇 전원 끄기

MISSION

 내가 해냈어요!

자율행동 모드

말판 이동하기

Hamster
Coding

연주하기

무선조종하기

미션을 성공하면
햄스터 코딩 스티커를
붙일 수 있어요!

 ## 시작하자

 # 햄스터를 살펴봅시다

이름이 표시된 부분을 내 햄스터에서 찾아보고 ☑ 표하세요.

옆 — 바퀴 ☐, 충전 포트 ☐, 전원 스위치 ☐

바닥 — 바닥 센서 ☐

앞 — 근접 센서 ☐, 밝기 센서 ☐, LED ☐

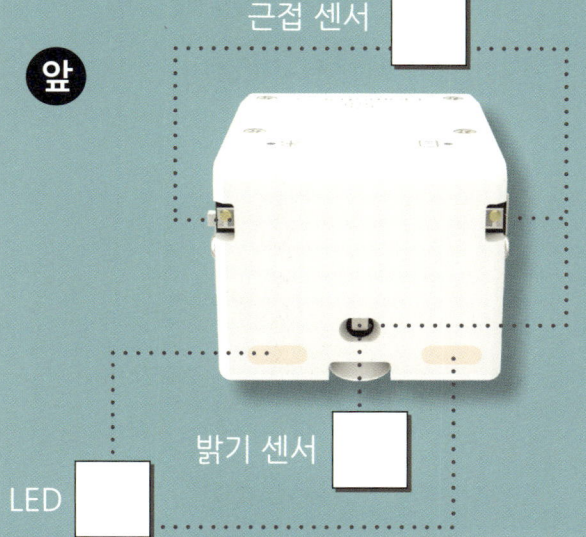

위 — 충전 표시등 ☐, 블루투스 연결 표시등 ☐, 스피커 ☐

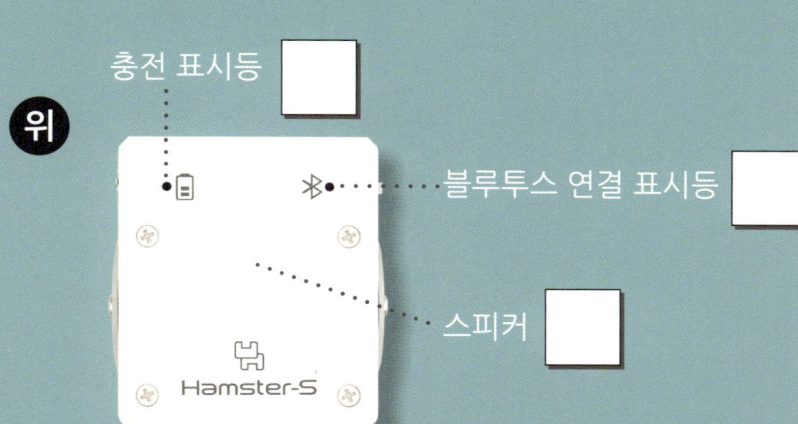

USB 동글

충전 케이블

햄스터에 대한 내 생각을 써 보세요.

1. 작고 귀엽다.
2. 똑똑한 로봇이다.
3.
4.

 # 차근차근 생각해 봅시다

 햄스터의 어느 부분을 말하는지 보기 에서 골라 쓰세요.

❶ 이동할 때 사용해요

 바

❷ 소리가 나와요

 피

❸ 색깔 불을 켜요

  D

❹ 앞쪽의 물체를 감지해요

근 센

❺ 빛을 감지해요

 기

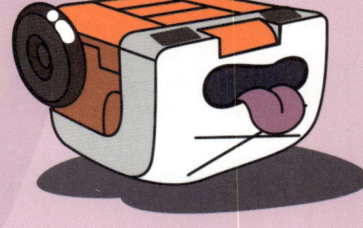

❻ 바닥쪽 물체를 감지해요

 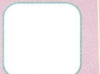 서

보기   스피커   LED   바퀴   근접 센서   바닥 센서   밝기 센서

햄스터를 움직이게 할 첫 번째 비밀을 알아내 보자!

궁금 궁금

무엇일까요?

 햄스터를 움직이게 하려면···.

내 생각을 아래에 쓰고 말해봅시다.

_____

_____

_____

이렇게 해볼까요

 햄스터를 작동하기 위해 사용할 부분들을 알아봅시다.

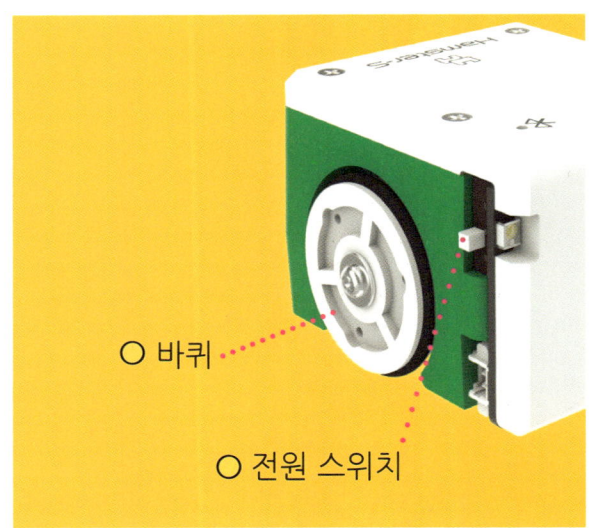
○ 바퀴
○ 전원 스위치

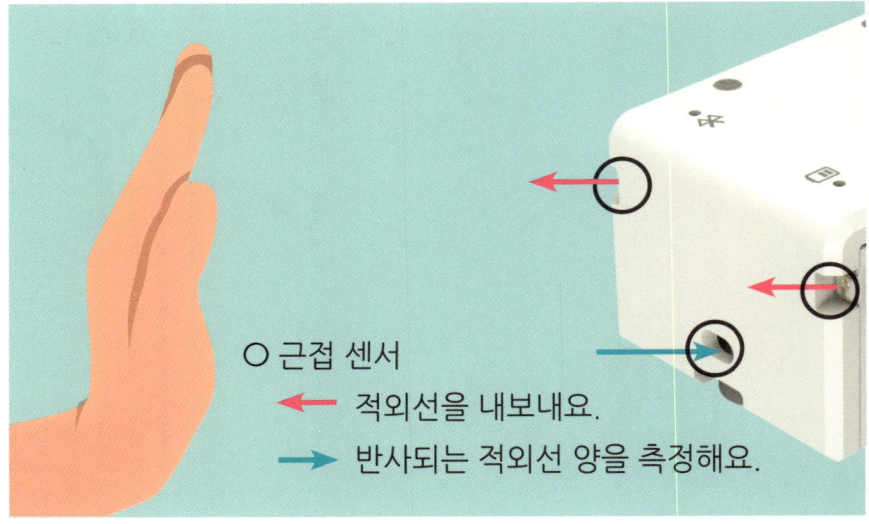
○ 근접 센서
← 적외선을 내보내요.
→ 반사되는 적외선 양을 측정해요.

 번호대로 해보고 햄스터가 잘 작동했다면 ☑ 표하세요.

❶ 전원 켜고 끄기

전원 스위치를 ▶ 올림

블루투스 연결 표시등을 깜박여요.

전원 스위치를 ▶ 내림

❷ 자율행동 모드 켜기

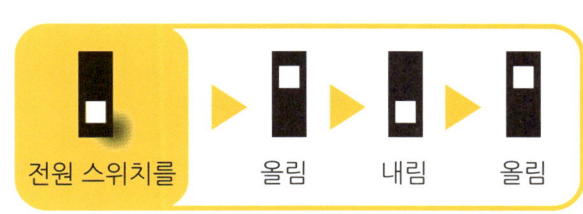
전원 스위치를 ▶ 올림 ▶ 내림 ▶ 올림

블루투스 연결 표시등을 깜박여요. 초록색 LED를 켜요.

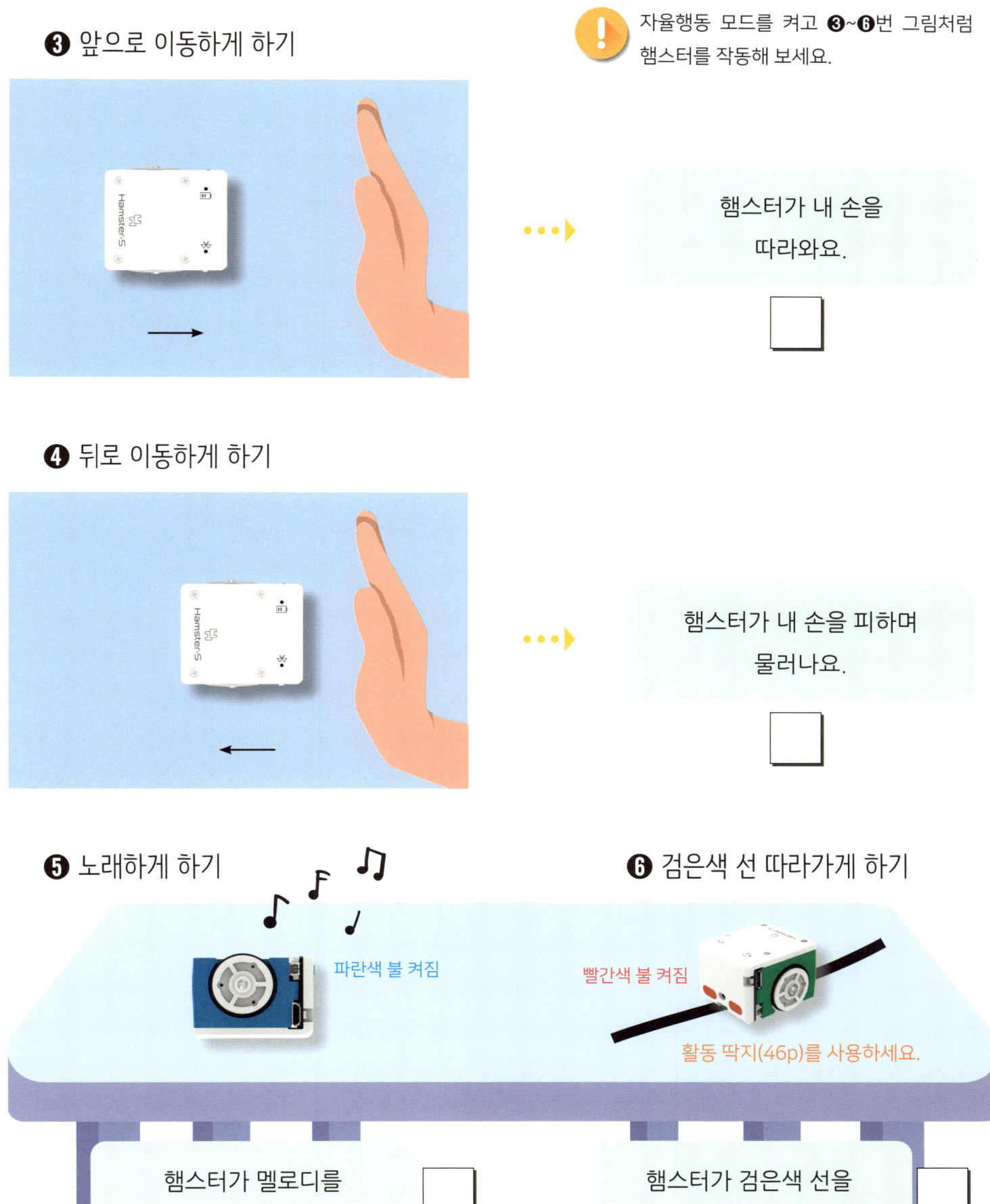

생각을 펼치자!

내 손을 따라 요리조리 움직이는 햄스터, 푹신한 방석 위로 옮겨봅시다.

⚠ 어느 방석 위에 햄스터를 이동시킬 것인지 순서를 정하고 시작하세요.

자율행동 모드(초록색 LED를 켠 상태) 켜기, 방석 위에 햄스터를 옮겼다면 ✓ 표하기

함께하자

내 말을 잘 들어준 햄스터, 집 안에서 마음껏 돌아다니게 해주세요.

햄스터의 집 안

햄스터가 검은색 선을 감지하고 따라 가거나 피하게 해봅시다.

자율행동 모드(빨간색 LED를 켠 상태) 켜기, 햄스터를 원 안에 놓기

아래 그림처럼 햄스터 여러 개가 동시에 움직이게 해봅시다.

준비물 스티커

반환점(스티커)

마무리 퀴즈

① 햄스터가 앞쪽에 있는 물체를 감지할 때 어떤 센서를 사용했나요?

② 오늘 수업 시간에 재미있었거나 힘들었던 점을 이야기해 봅시다.

햄스터 길들이기

❶ 그림 속 친구가 코딩한 순서를 설명해 볼까요?

❷ 나는 어떤 순서로 햄스터 코딩을 할 것인지 생각하고 말해보세요.

시작하자 — 프로그램을 실행해 봅시다

1 내 햄스터와 PC 연결하기

USB 동글을 PC에 꽂고 햄스터 전원을 켜세요. 연결이 잘 되었다면 블루투스 연결 표시등이 파란색으로 빠르게 깜박여요.

2 로봇 코딩(ROBOT CODING) 열기

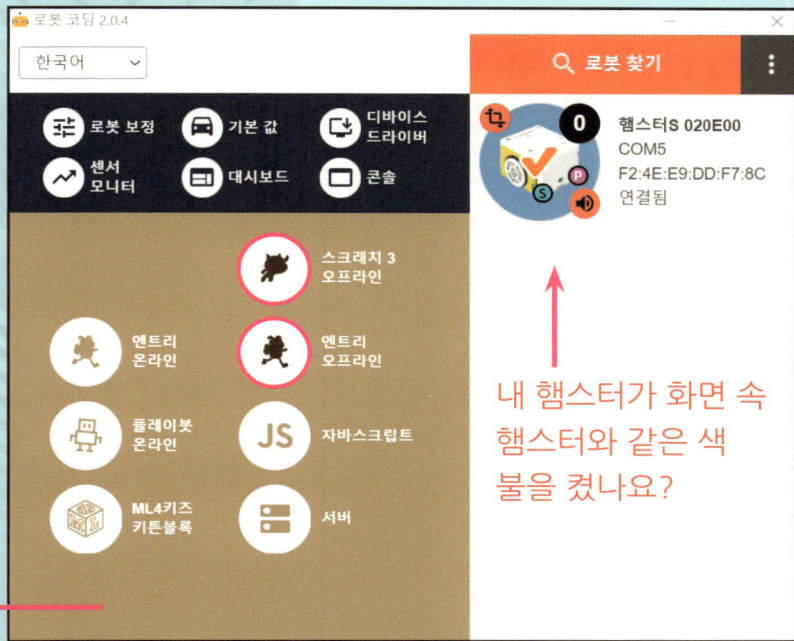

내 햄스터가 화면 속 햄스터와 같은 색 불을 켰나요?

3 프로그램 선택하고 새 파일 열기

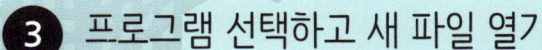

단일 로봇　　　　　　　　　　새 파일

프로그램을 간단히 실행할 수 있구나!

4 내가 사용할 프로그램 이름 쓰기

차근차근 살펴봅시다

 그림의 블록 모양과 비슷한 명령어를 2개 이상 찾고, ☐ 에 그 이름을 써 보세요.

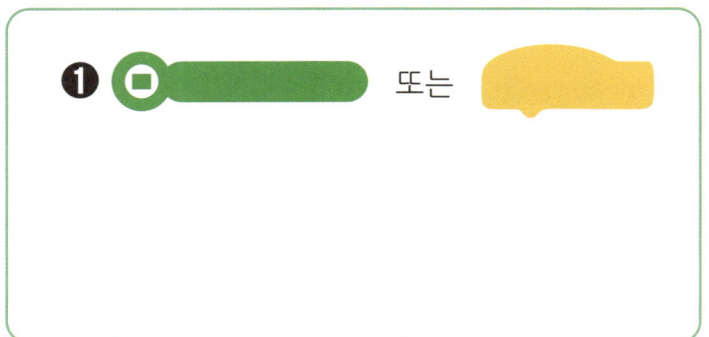

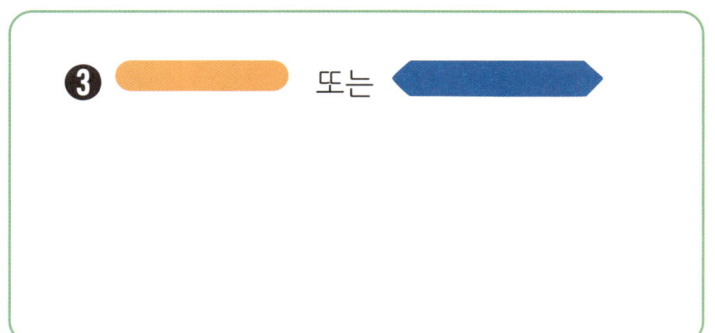

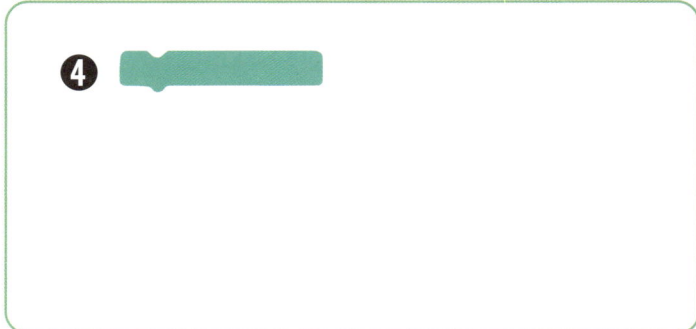

 ①~⑧에 쓰인 말대로 블록 명령어를 다루어 보고 ✓ 표하세요.

① 선택하기   ② 놓기   ③ 쌓기

④ 지우기   ⑤ 넣기   ⑥ 숫자 입력하기

⑦ 선택하기 ▼   ⑧ 글자 입력하기   ☐

★ 프로그램마다 블록 명령어의 모양이나 이름이 다를 수 있어요. 그러나 프로그램의 구조는 대체로 비슷하므로 내가 사용하는 프로그램을 기준으로 살펴보세요.

비밀 찾기

햄스터를 말판 위에서 이동하게 할 비밀을 알아내 보자!

궁금 궁금

무엇일까요?

 햄스터를 말판 위에서 이동하게 하려면….

어떤 명령어가 필요한지 생각하고 아래에 써 봅시다.

이렇게 해볼까요

 번호가 표시된 곳으로 햄스터를 이동시키려면 어떻게 해야 하는지 말해보세요.

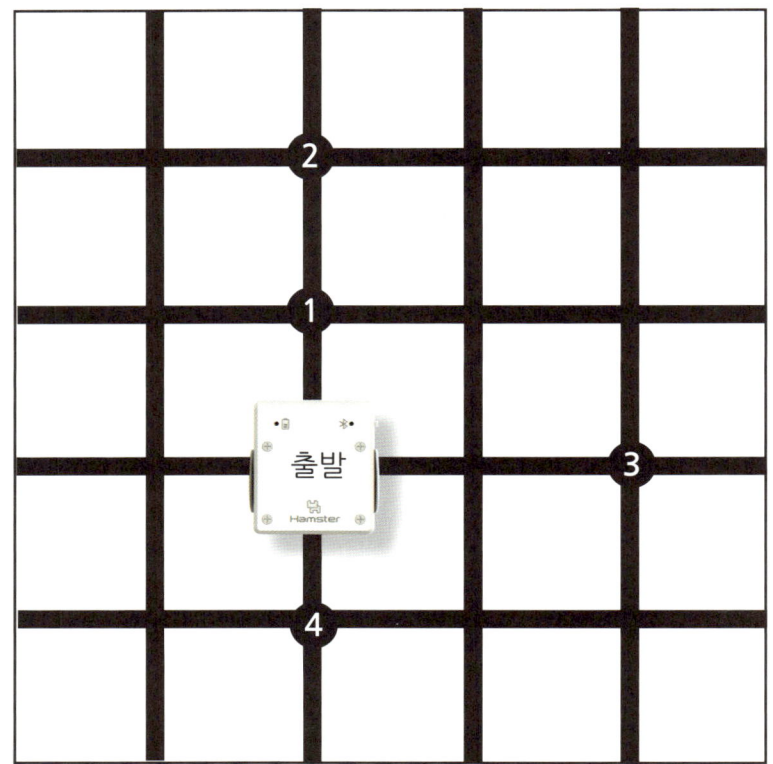

힌트

① 말판 앞으로 한 칸 이동하기

② 말판 왼쪽 ▼ 으로 한 번 돌기

③ 시작하기 버튼을 클릭했을 때
말판 앞으로 한 칸 이동하기

 서로 관계 있는 것끼리 선을 그어 보세요.

❶ 시작하기 버튼을 눌렀을 때 ·

❷ 햄스터가 말판에서 왼쪽으로 돌기 ·

❸ 햄스터가 말판에서 한 칸 이동하기 ·

❹ 햄스터가 말판에서 오른쪽으로 돌기 ·

· 시작하기 버튼을 클릭했을 때

· 말판 앞으로 한 칸 이동하기

· 말판 왼쪽 ▼ 으로 한 번 돌기

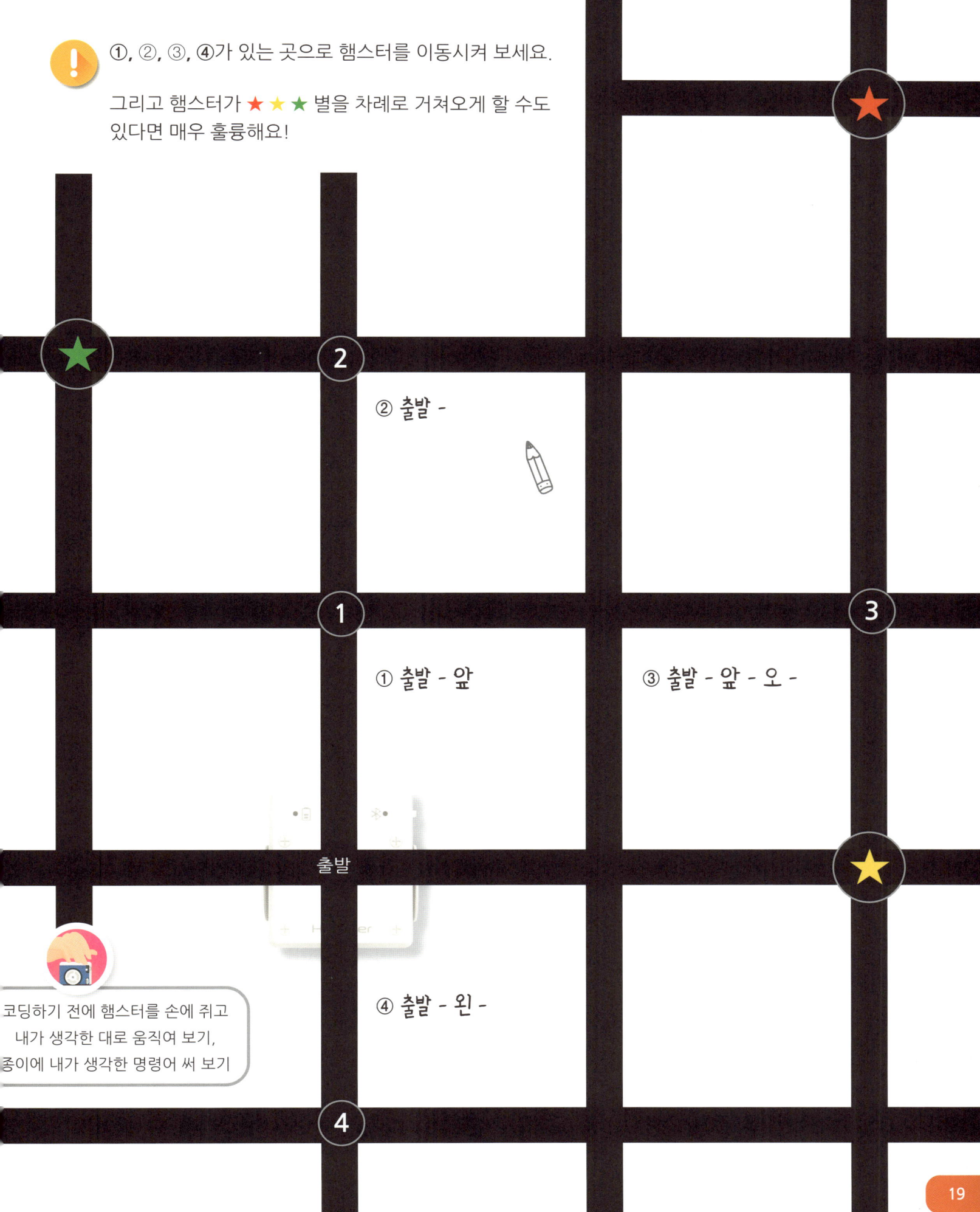

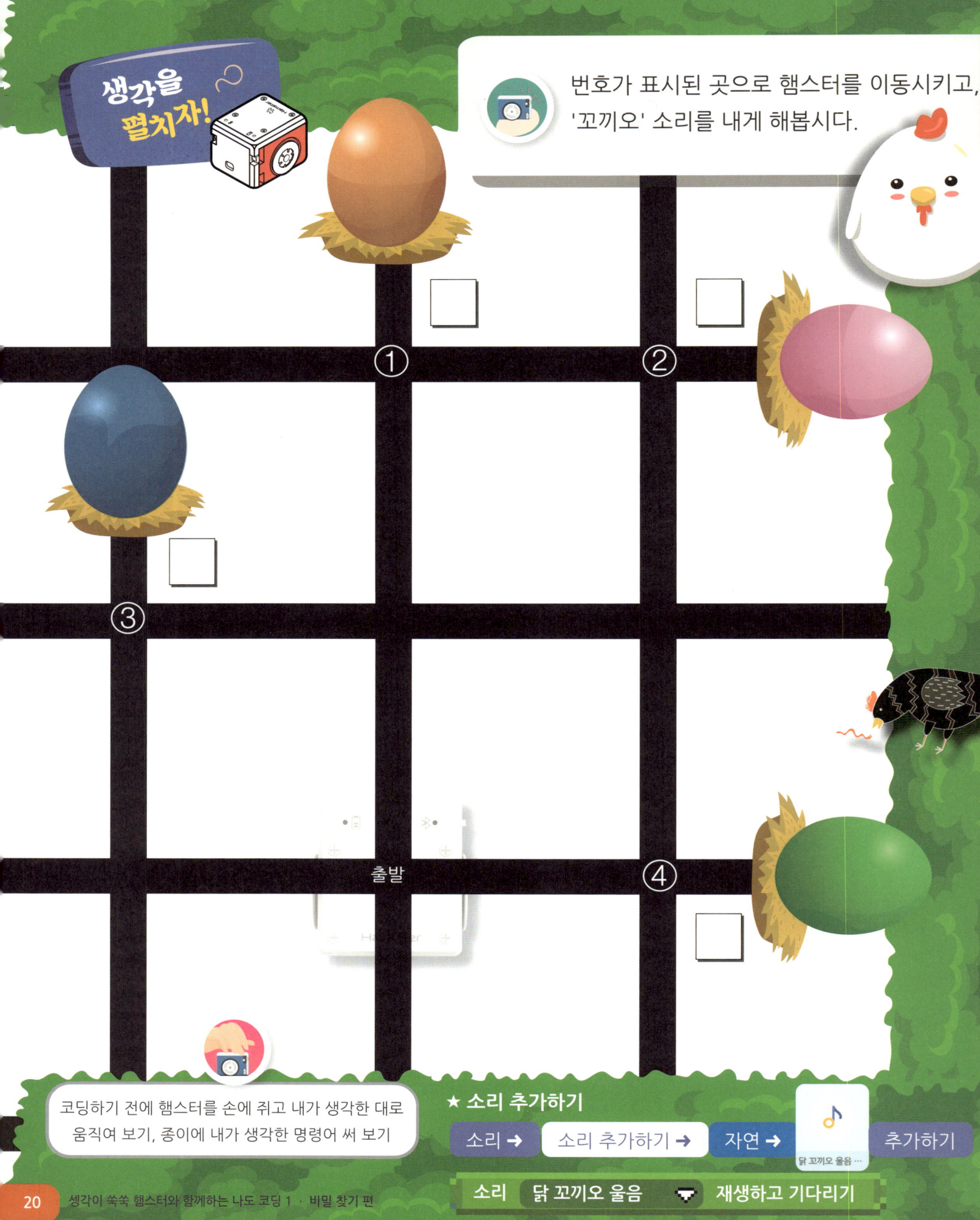

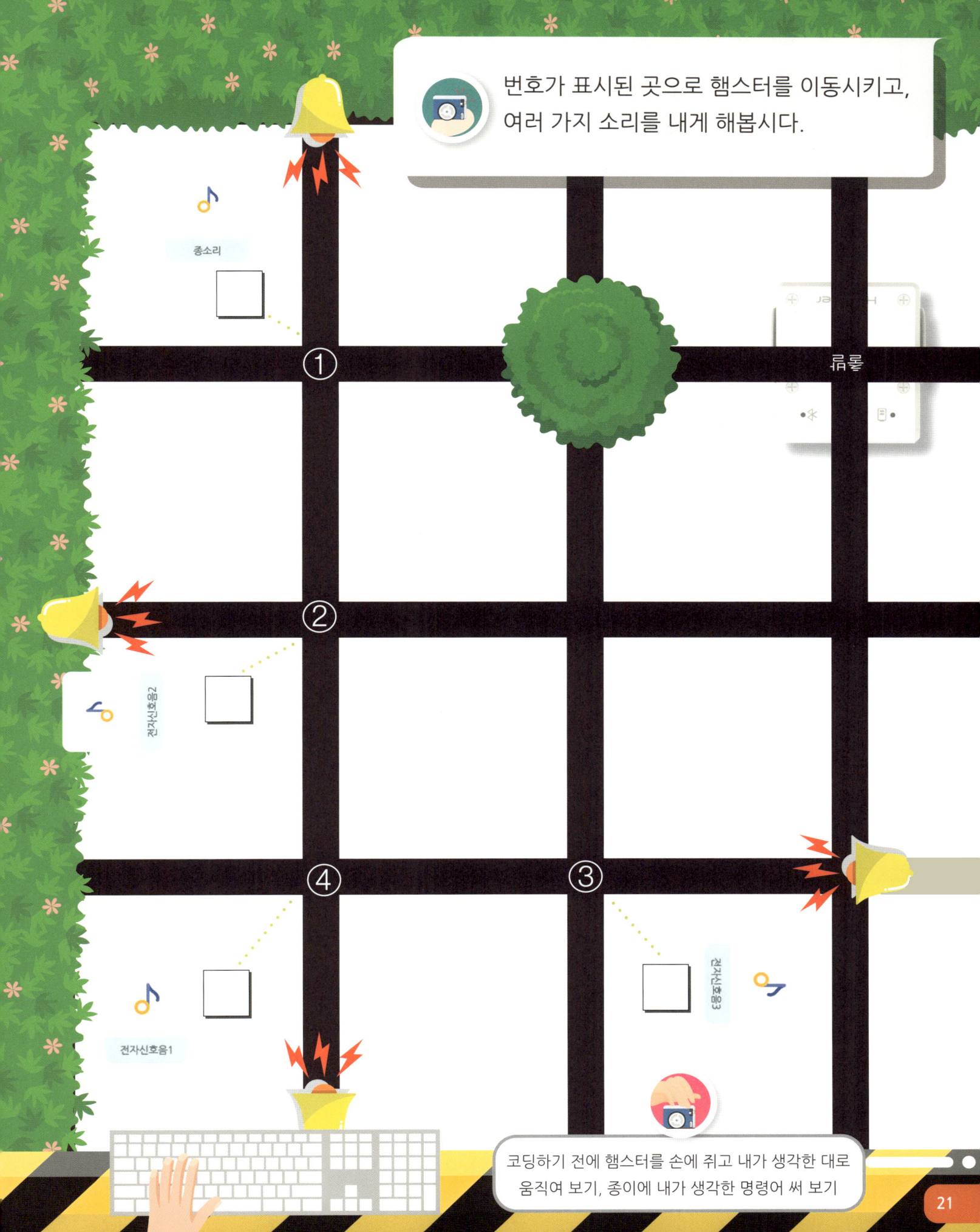

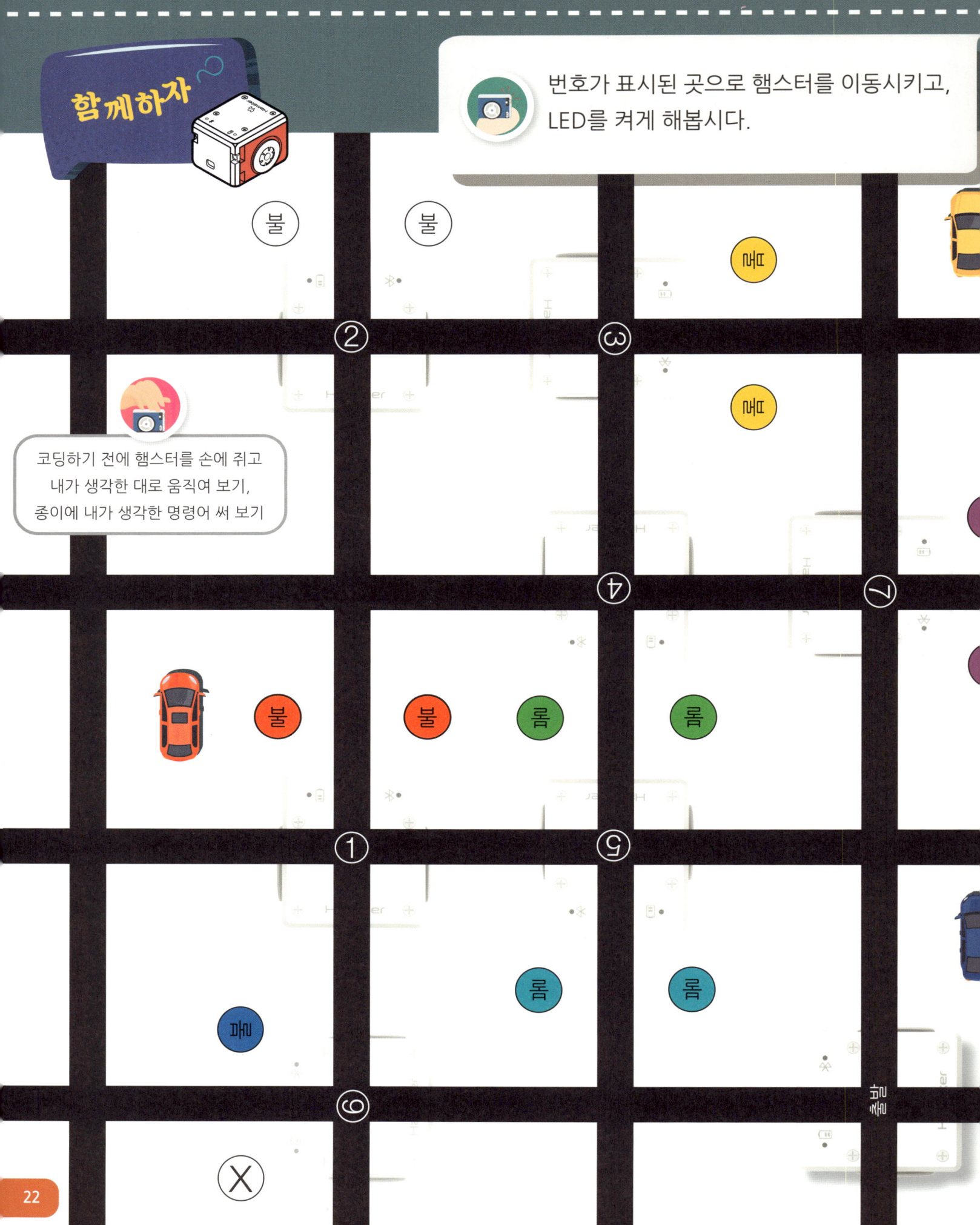

말판을 활용하여 나만의 게임 만들기에 도전해 봅시다.

준비물 활동 딱지(47p)

★ 이렇게 게임을 만들어볼까요?

제목 정하기
▼
규칙 정하기
▼
디자인하기
▼
공유하기

마무리 퀴즈

① 말판에서 햄스터를 이동하게 할 때 필요한 명령어를 모두 쓰세요.

② 오늘 수업 시간에 재미있었거나 힘들었던 점을 이야기해 봅시다.

❶ 그림 속 햄스터는 무엇으로 변신했나요? ☐ ☐

❷ 악기가 된 햄스터로 내가 연주하고 싶은 곡을 생각하고 말해보세요.

프로그램을 실행해 봅시다

① 내 햄스터와 PC 연결하기 ② 로봇 코딩(ROBOT CODING) 열기

③ 프로그램을 선택하고 새 파일 열기 ④ 하드웨어(햄스터) 블록에서 명령어 찾기

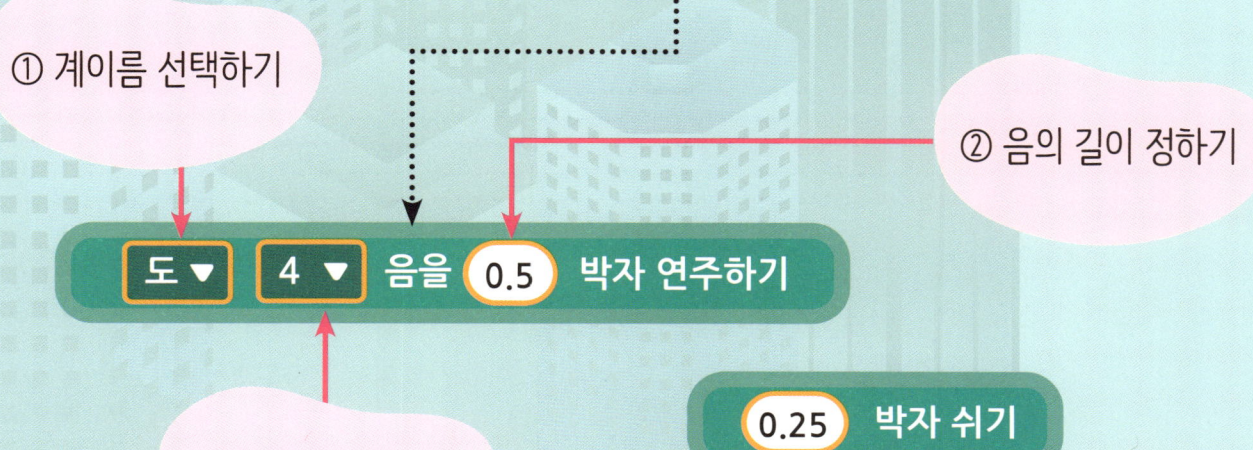

① 계이름 선택하기

② 음의 길이 정하기

③ 옥타브 선택하기

④ 쉼의 길이 정하기

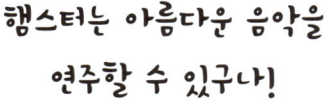

햄스터는 아름다운 음악을 연주할 수 있구나!

위 명령어들을 사용해 코딩하면 햄스터로 어떤 것을 할 수 있을까요?

1. 햄스터 악기를 만들 수 있다.

2.

3.

차근차근 살펴봅시다

> 햄스터로 연주를 하기 위해 알아봅시다.

1 음계
오선 위에 음을 차례로 늘어놓은 것이에요.

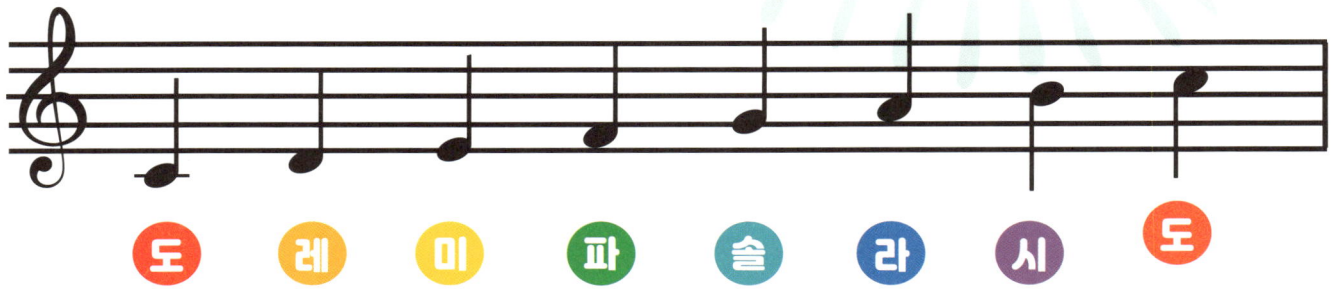

도 레 미 파 솔 라 시 도

2 음표
음의 길이를 나타낸 것이에요.

이름	모양	길이
4분 음표	♩	손가락 1
2분 음표	♪	손가락 2
점 2분 음표	♩.	손가락 3
온음표	o	손 전체

3 쉼표
쉼의 길이를 나타낸 것이에요.

이름	모양	길이
4분 쉼표	𝄽	손가락 1
2분 쉼표	▬	손가락 2
점 2분 쉼표	▬.	손가락 3
온쉼표	▬	손 전체

햄스터로 음악을 연주할 수 있는 비밀을 알아내 보자!

궁금 궁금

무엇일까요?

 햄스터로 음악을 연주하려면….

어떤 명령어가 필요한지 생각하고 아래에 써 봅시다.

이렇게 해볼까요

 햄스터로 연주하기에 필요한 명령어는 몇 개일까요?

① 시작하기 버튼을 클릭했을 때
② 도 4 음을 연주하기
③ 0.25 박자 쉬기
④ 말판 앞으로 한 칸 이동하기
⑤ 연주 속도를 20 BPM으로 정하기
⑥ 10 번 반복하기
⑦ 버저 끄기
⑧ 정지하기
⑨ 2 초 기다리기
⑩ 연주 속도를 20 만큼 바꾸기
⑪ 말판 왼쪽 으로 한 번 돌기
⑫ 계속 반복하기
⑬ 도 4 음을 0.5 박자 연주하기
⑭ 소리 강아지 짖는 소리 재생하고 기다리기

 서로 관계 있는 것끼리 선을 그어 보세요.

❶ '도'음을 1박자 연주하기 ·   · 0.25 박자 쉬기

❷ 연주를 1박자 쉬기 ·   · 계속 반복하기

❸ 연주를 그만하기 ·   · 도 4 음을 0.5 박자 연주하기

❹ 계속 연주하기 ·   · 버저 끄기

 글을 읽고 코딩해 봅시다. 햄스터가 잘 작동했다면 ☑ 표 하세요.

❶ '도' 음을 1박자 연주하기

❷ '미' 음을 2박자 연주하기

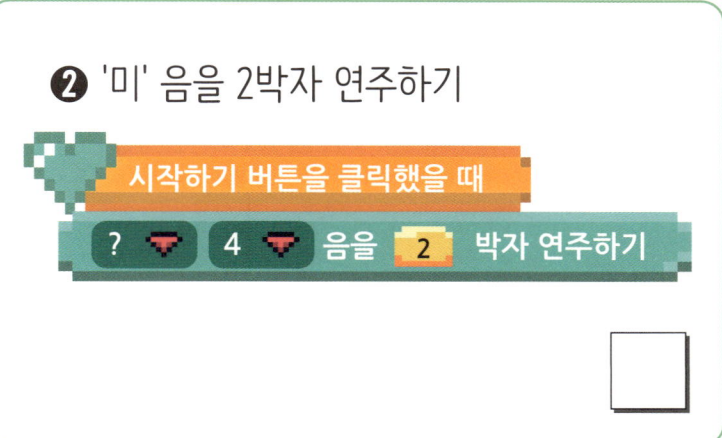

❸ '도레미' 음을 2초씩 연주하기

❹ '도미솔' 음을 1박자씩 3번 연주하기

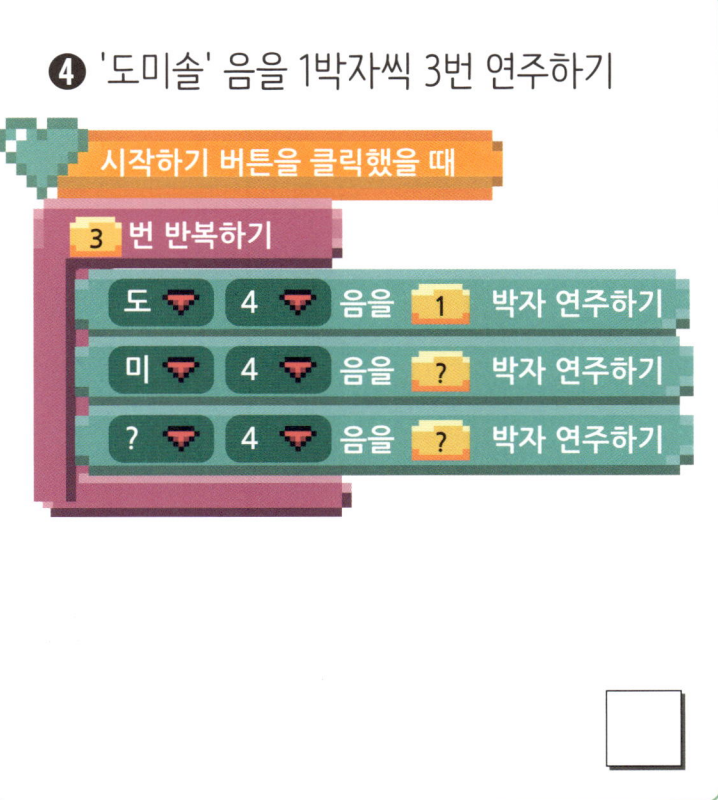

스스로 해 보기 – 음의 이름과 길이를 정하여 코딩하고 연주하기

❺ '_____' 음을 (　)박자씩 계속 연주하기

 햄스터로 연주할 수 있도록 코딩해 봅시다.

햄스터가 잘 작동했다면 ✓ 표하기

❶ 음계대로 코딩하고 연주하기

도 레 미 파 솔 라 시 도

'도레미파솔라시도'를 연주하도록 명령문을 완성하세요!

❷ 음표와 쉼표대로 코딩하고 연주하기

 ①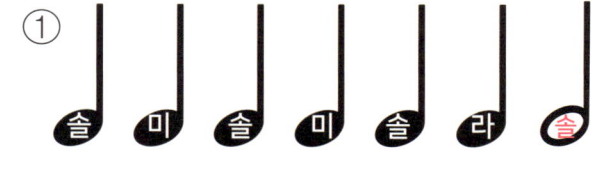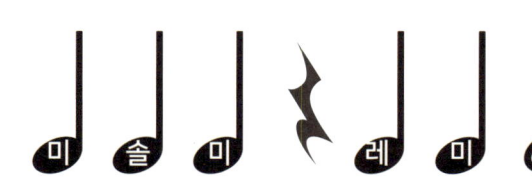

 ②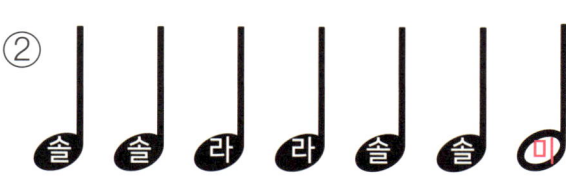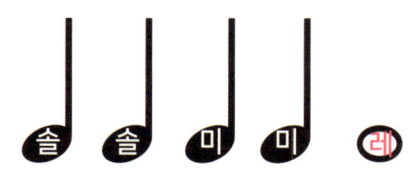

③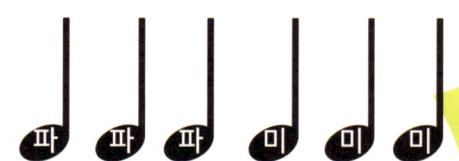

반복문을 사용하여 코딩하고 연주해 봅시다.

햄스터가 잘 작동했다면 ✓ 표하기

| 보기 | 도 도 솔 솔 라 라 솔 솔 파 파 미 미 레 레 도 도 |

❶ 음의 순서대로 코딩하기 ☐

보기 의 음을 순서대로 코딩하세요.

❷ 3번 연주하기 ☐

❶에서 코딩한 명령문을 3번 반복해 연주하려면 어떻게 해야 할까요?

❸ 연주 속도를 빠르게 바꾸기 ☐

❶ ❷에서 코딩한 명령문을 반복해 연주할 때마다 속도가 빨라지게 하려면 어떻게 해야 할까요?

❶ ~ ❸을 해 본 뒤에는 내 맘대로 음을 코딩하여 친구들에게 소개해 보세요.

```
시작하기 버튼을 클릭했을 때
3 번 반복하기
    연주 속도를 50 만큼 바꾸기
    도 ▼ 4 ▼ 음을 1 박자 연주하기
    도 ▼ 4 ▼ 음을 1 박자 연주하기
    솔 ▼ 4 ▼ 음을 1 박자 연주하기
    솔 ▼ 4 ▼ 음을 1 박자 연주하기
    라 ▼ 4 ▼ 음을 1 박자 연주하기
    라 ▼ 4 ▼ 음을 1 박자 연주하기
    솔 ▼ 4 ▼ 음을 1 박자 연주하기
```

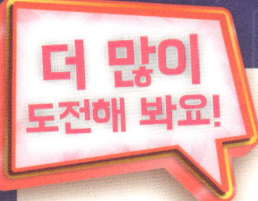

더 많이 도전해 봐요!

햄스터를 기울이면 음을 내도록 코딩해 봅시다. 그리고 친구들과 함께 즐겁게 연주해 보세요.

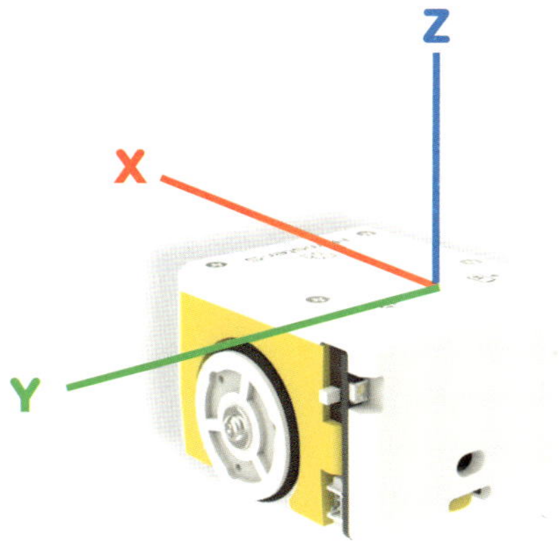

★ 햄스터는 내장된 가속도 센서를 사용해 자신의 기울임을 감지해요.

마무리 퀴즈

① 햄스터의 기울기를 감지하는 센서의 이름은 무엇일까요?

② 오늘 수업 시간에 재미있었거나 힘들었던 점을 이야기해 봅시다.

PART 04 달려라! 햄스터

❶ 그림에서 어떤 일이 벌어지게 될지 생각하고 이야기해 보세요.

❷ 햄스터가 움직이는 방향을 내 마음대로 조종할 수 있을까요?

프로그램을 실행해 봅시다

★ 프로그램을 실행하고 아래 명령어를 찾아주세요.

1 이동할 방향과 시간 정하기

> 앞으로 `1` 초 이동하기

2 회전할 방향과 시간 정하기

> 왼쪽 ▼ 으로 `1` 초 돌기

3 양쪽 바퀴 속도 정하기

> 왼쪽 바퀴 `30` 오른쪽 바퀴 `30` (으)로 정하기

아래 키보드를 각각 눌렀을 때, 어떻게 햄스터를 움직이게 하면 좋을까요?

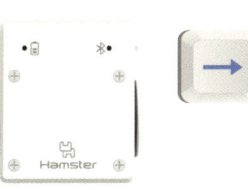

⇧ 햄스터를 앞으로 1초 이동하게 한다.
(또는 햄스터를 양쪽 바퀴 30으로 움직이게 한다.)

⇦

⇨

⇩

차근차근 생각해 봅시다

내가 햄스터를 조종하여 ❶~❺번까지 이동시키는 방법을 말해보세요.

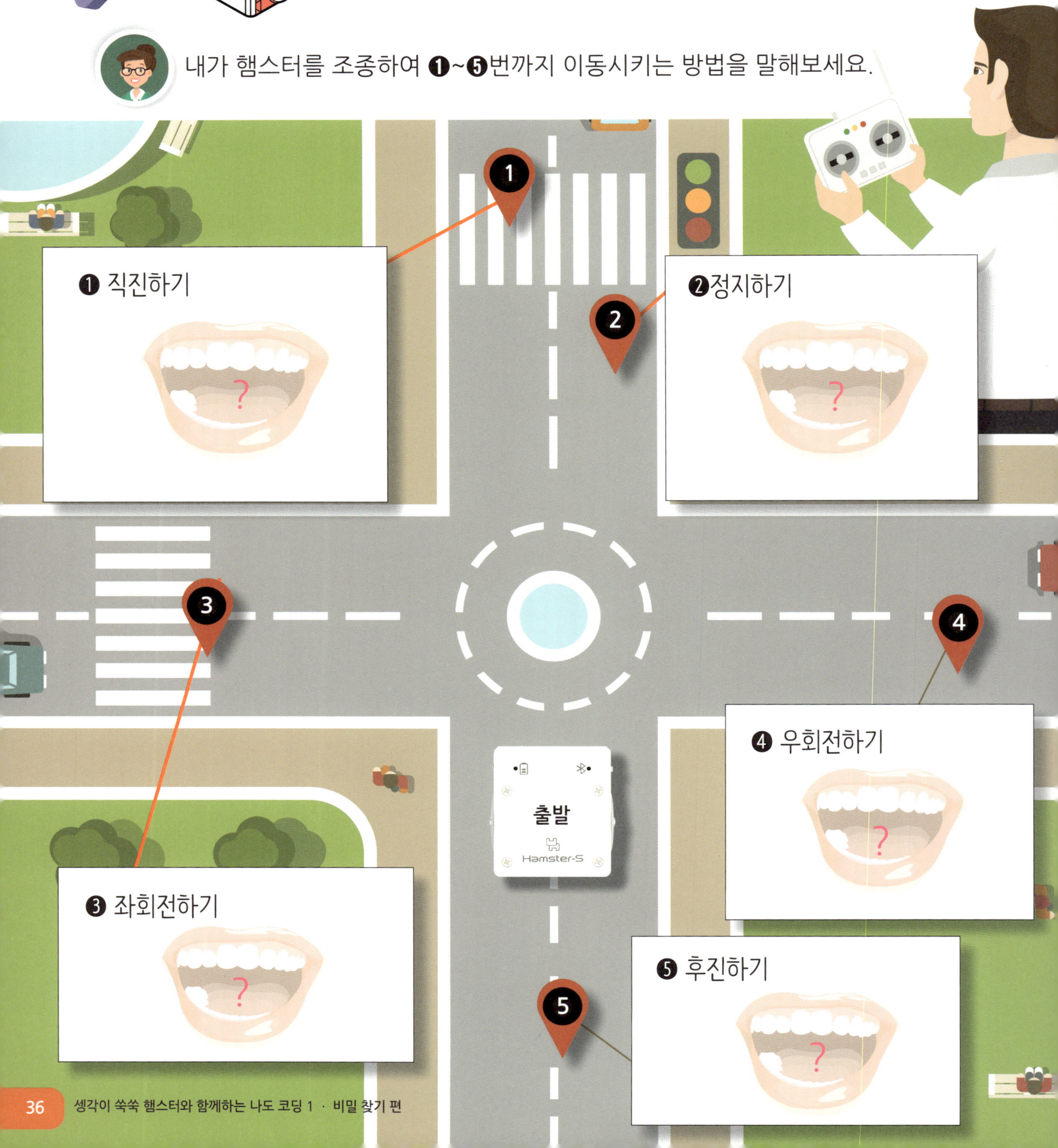

❶ 직진하기

❷ 정지하기

❸ 좌회전하기

❹ 우회전하기

❺ 후진하기

비밀 찾기

내가 원하는 대로 햄스터를 조종할 수 있는 비밀을 알아내 보자!

궁금 궁금

무엇일까요?

 내가 원하는 대로 햄스터를 조종하려면….

어떤 명령어가 필요한지 생각하고 아래에 써 봅시다.

_____

_____

이렇게 해볼까요

 햄스터 자동차 조종하기에 필요한 명령어는 몇 개일까요?

① 시작하기 버튼을 클릭했을 때
② 앞으로 1 초 이동하기
③ 2 초 기다리기
④ q 키를 눌렀을 때
⑤ 왼쪽 으로 2 초 돌기
⑥ 계속 반복하기
⑦ 버저 끄기
⑧ 왼쪽 바퀴 30 오른쪽 바퀴 30 (으)로 정하기
⑨ 정지하기
⑩ q 키가 눌러져 있는가?
⑪ 만일 참 (이)라면
⑫ 소리 강아지 짖는 소리 재생하고 기다리기
⑬ 뒤로 1 초 이동하기

 서로 관계 있는 것끼리 선을 그어 보세요.

❶ 위쪽 화살표 키를 눌렀을 때 ·   · 왼쪽 으로 2 초 돌기

❷ 양쪽 바퀴 속도 정하기 ·   · 정지하기

❸ 왼쪽으로 돌기 ·   · q 키를 눌렀을 때

❹ 정지하기 ·   · 왼쪽 바퀴 30 오른쪽 바퀴 30 (으)로 정하기

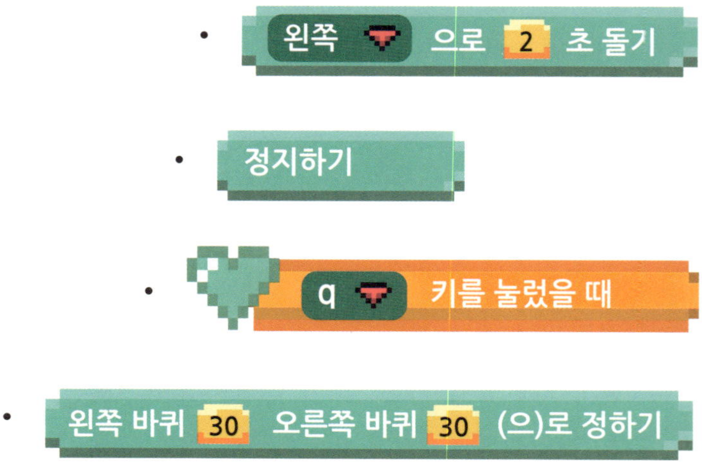

 글을 읽고 코딩해 봅시다. 햄스터가 잘 작동했다면 ☑ 표 하세요.

❶ 위쪽 화살표를 눌렀을 때 앞으로 1초 이동하기

❷ 위쪽 화살표를 눌렀을 때 앞으로 이동하기

❸ 아래쪽 화살표를 눌렀을 때 뒤로 이동하기

❹ 스페이스 키를 눌렀을 때 정지하기

❺ 위쪽 화살표를 눌렀을 때 앞으로 이동하기

스스로 해 보기 – 글을 읽고 코딩하기

❻ 왼쪽 화살표를 눌렀을 때 왼쪽으로 돌기

조금 어렵다면 ❺에서 힌트를 얻으세요.

❼ 스페이스 키를 눌렀을 때 삐 소리 내기

조금 어렵다면 ❹에서 힌트를 얻으세요.

 햄스터 자동차를 조종하는 명령문을 만들고 조종해 봅시다.

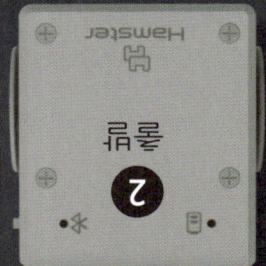

출발!

도착
자홍색 라이트를
3번 켜시오!

직진하시오!

도착
노란색 라이트를
2번 켜시오!

코딩하기 전에 햄스터를 손에 쥐고 내가 생각한 대로 움직여 보기, 종이에 내가 생각한 명령어 써 보기

코딩하기 전에 햄스터를 손에 쥐고 내가 생각한 대로 움직여 보기, 종이에 내가 생각한 명령어 써 보기

햄스터 자동차 주차하기에 도전해 봅시다.

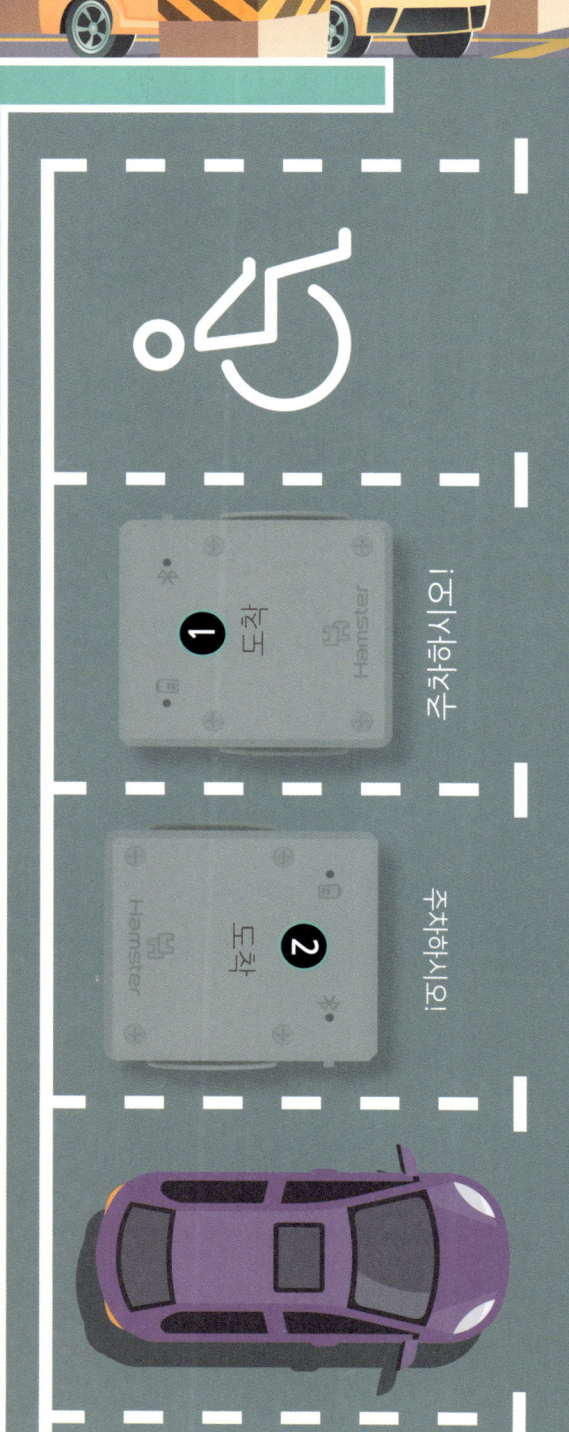

햄스터 자동차가 신나게 달릴 수 있는 멋진 도로를 디자인해 봅시다.

준비물 활동 딱지(49p), 연필 또는 사인펜

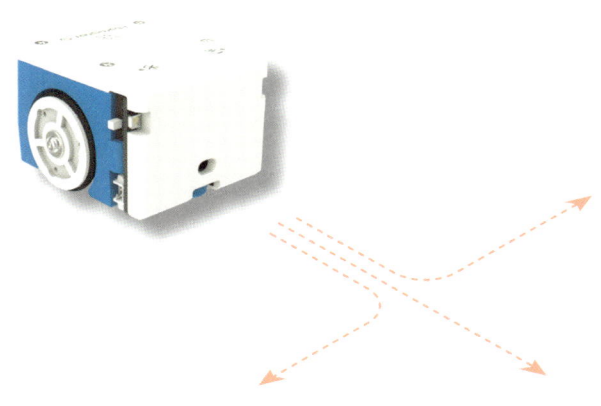

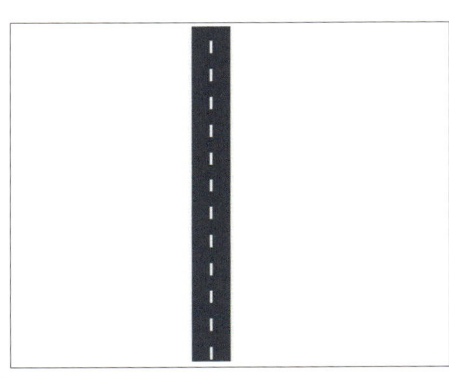
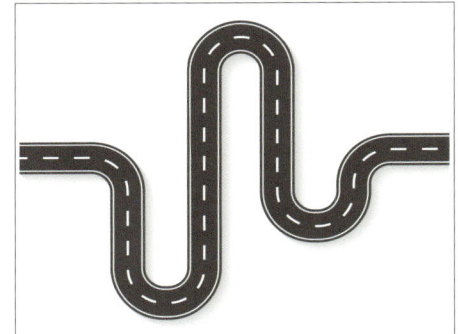

마무리 퀴즈

① 오른쪽 명령문을 실행했을 때 햄스터가 어떻게 작동하는지 설명해 보세요.

② 오늘 수업 시간에 재미있었거나 힘들었던 점을 이야기해 봅시다.

9p 활동에 사용하세요.

❶ 자율행동 모드(빨간색 LED를 켠 상태)로 활동하세요.

❷ 햄스터 로봇이 검은색 선을 감지하고 어떻게 움직이는지 살펴보세요.

햄스터가 검은색 선을 따라가네!

앗, 햄스터가 검은색 선을 만나면 피하네!

활동 딱지

23p 활동에 사용하세요.

게임 제목

만든 사람 이름

⚠️ 연필로 출발과 도착 지점을 표시하세요.

> 32p 활동에 사용하세요.

에델바이스(Edelweiss)

작곡 : 로저스 & 해머스타인(Rodgers and Hammerstein)

이 곡은 뮤지컬 '사운드 오브 뮤직(The Sound of Music)'에서 나온 노래입니다.

악보를 찾아 전곡을 연주해 보세요.

미 솔 레 도 솔 파
E - del weiss, E - del weiss,

미 미 미 파 솔 라 솔
Ev - ry morn - ing you greet me,

미 솔 레 도 솔 파
Small and white, Clean and bright,

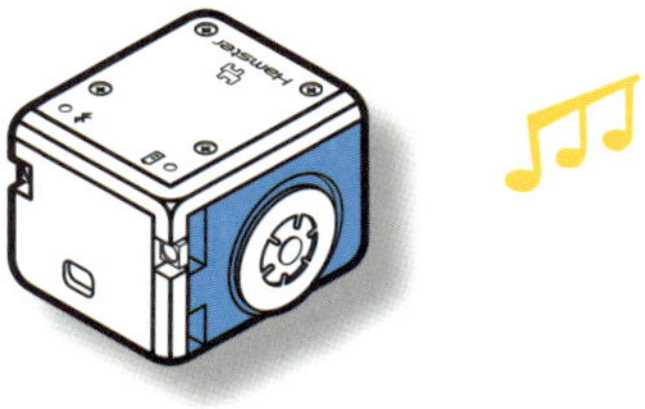

미션을 성공할 때마다 **햄스터 코딩 스티커**를 붙일 수 있어요!

13p

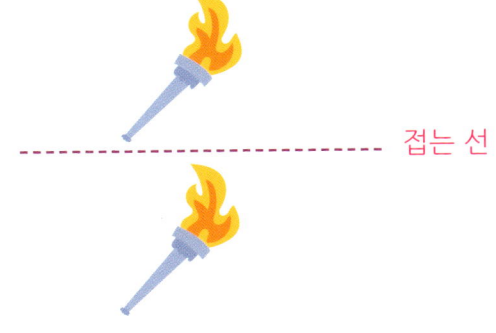

43p

〈스티커〉 생각이 쑥쑥 햄스터와 함께하는 나도 코딩 1 · 비밀 찾기 편

45p 활동에 사용하세요.

❶ 햄스터 자동차가 달릴 수 있는 멋진 도로를 그려주세요.

❷ 나와 친구가 디자인한 도로에서 햄스터 자동차가 달리도록 무선 조종해 보세요.

준비물 도로를 그릴 수 있는 펜(햄스터 로봇 바퀴에 묻지 않는 재료 사용하기)

명령문 쓰기 노트

내가 생각한 명령문을 아래에 글로 써 보고, 코딩하세요.

★ 새롭거나 조금 어려운 문제를 해결할 때는 선생님 또는 친구들과 의논해 보는 것도 좋아요!